Und so geht's:

Das Beispiel auf dieser Seite zeigt, wie du mit miniLÜK spielst. Diese Übung findest du auf Seite 2 und 3.

Öffne das miniLÜK®-Lösungsgerät und lege den durchsichtigen Boden des Lösungsgerätes auf die untere Übungsseite deines miniLÜK-Heftes.
Nimm Plättchen 1. und sieh dir Aufgabe 1. an

Dort siehst du zwei Mädchen in einem rosa Feld. Auf der unteren Seite in Feld 9 sind zwei Autos in einem rosa Feld. Lege Plättchen 1. dorthin auf Feld 9.

So spielst du weiter, bis alle 12 Plättchen auf dem durchsichtigen Teil des Lösungsgerätes liegen und keine Bilder mehr zu sehen sind.

Dann schließt du das Lösungsgerät und drehst es um.
Wenn du das bei der Übung abgebildete Muster siehst, hast du alles richtig gemacht.
Passen einige Plättchen nicht in das Muster, löst du diese Übungen noch einmal.
Stimmt es jetzt?

Und nun viel Spaß!

W0340699

Ordne zu: Jedes Mädchen erhält ein Auto, jeder Junge eine Maske.

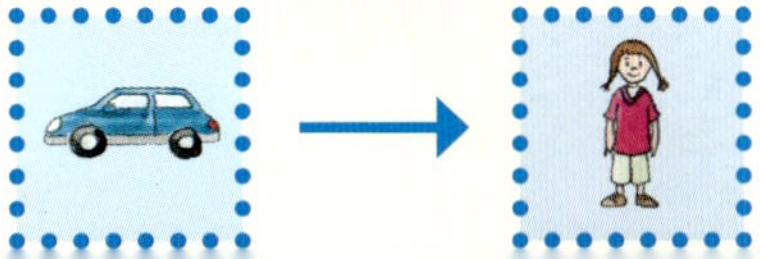

1

2

3

4

5

6

7

8

9

10

11

12

Jedes Kind bekommt ein Eis.

1
2
3
4
5
6
7
8
9
10
11
12

Ordne die Dinge der gleichen Anzahl an Strichen zu.

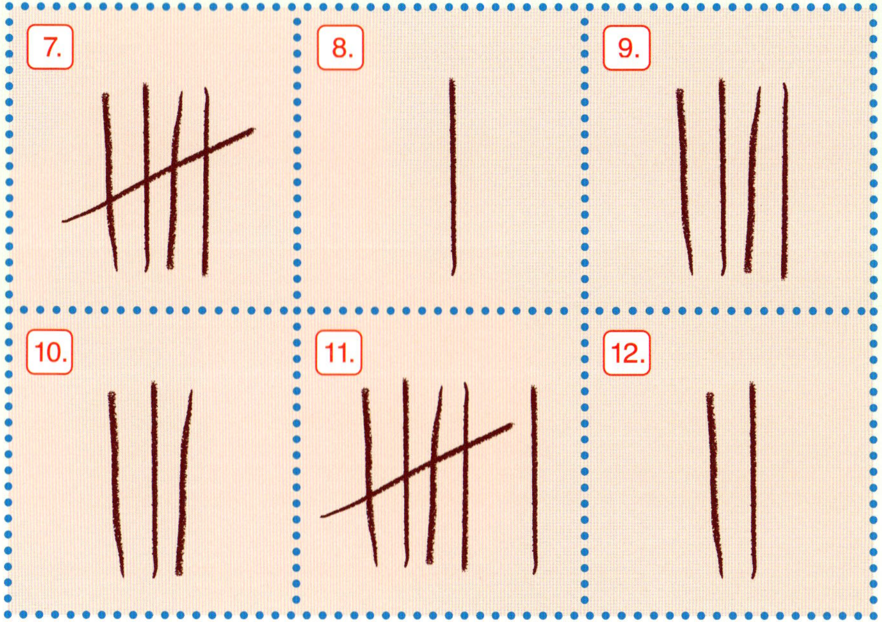

1
2
3
4
5
6
7
8
9
10
11
12

Suche gleich viele Dinge und Knöpfe.

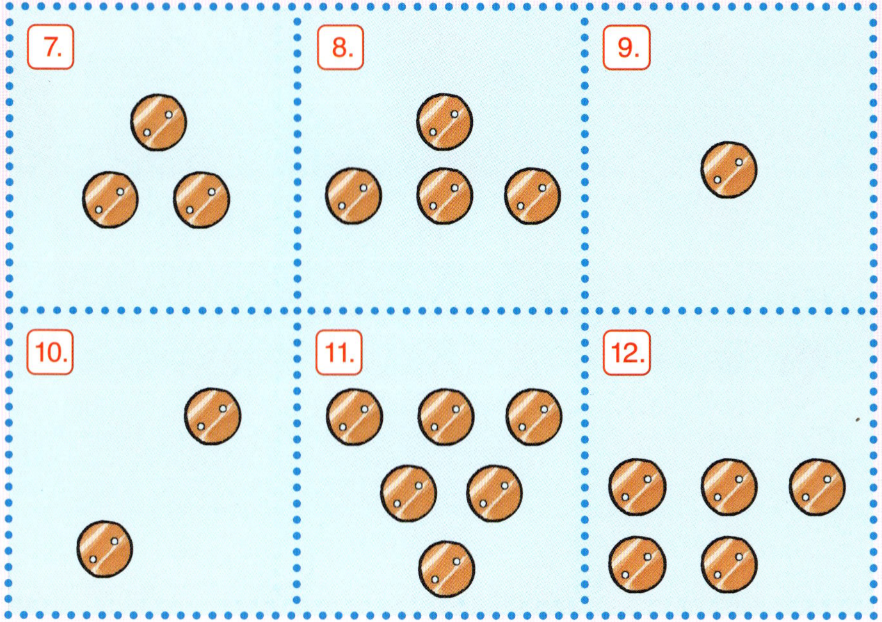

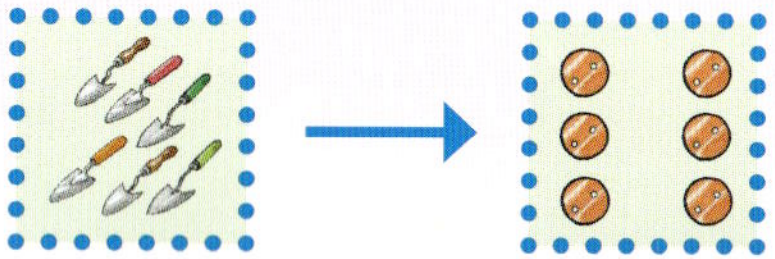

1
2
3
4
5
6
7
8
9
10
11
12

Wie viele Dinge sind das?

1.

2.

3.

4.

5.

6.

7. 5	8. 2	9. 6
10. 1	11. 4	12. 3

 → 3

5 → 

1 1	2 	3 	4 	5 	6 5
7 2	8 	9 6	10 3	11 4	12 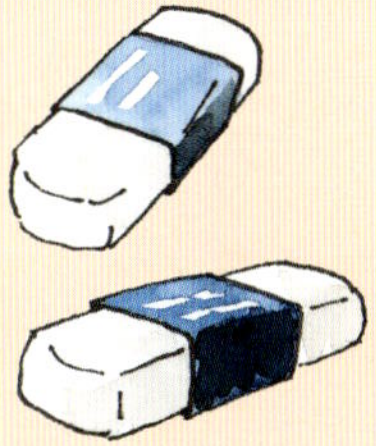

Wie viele blaue Murmeln fehlen bis 5?

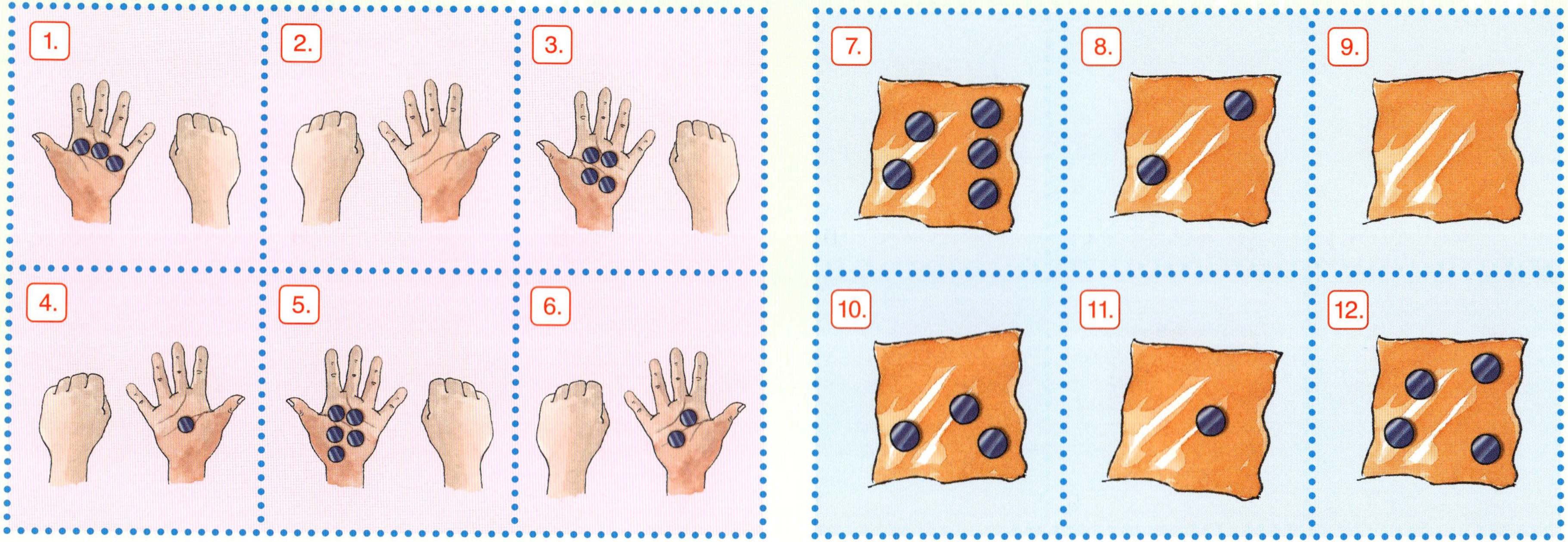

1

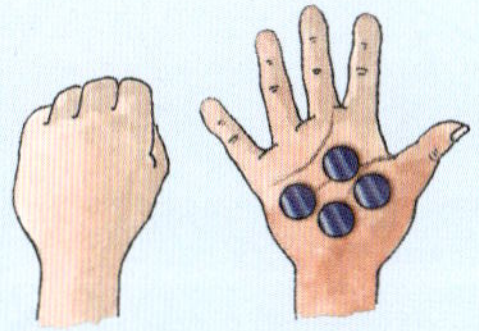

2

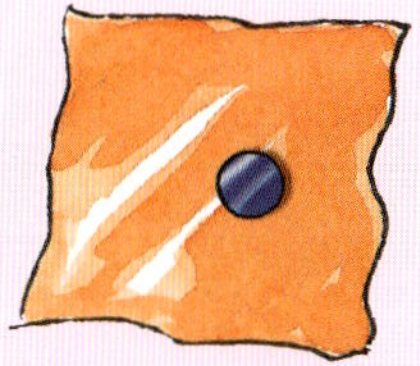

3

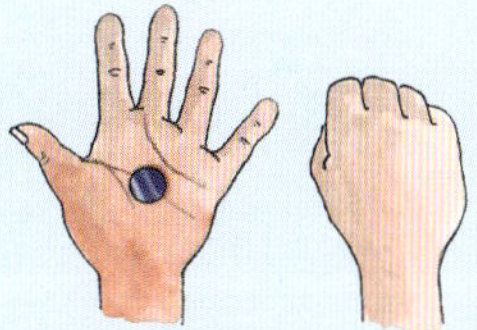

4

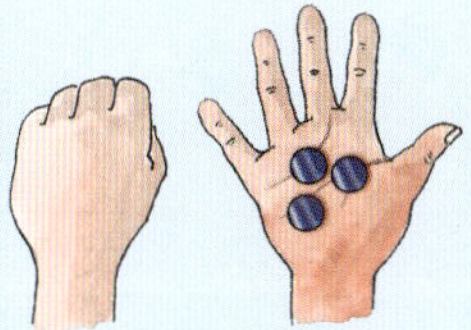

5

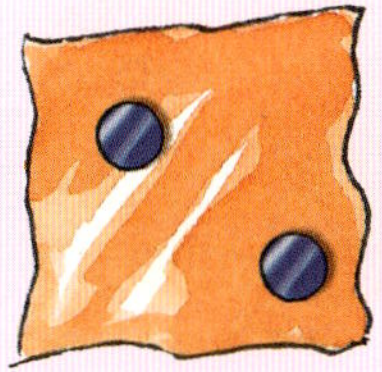

6

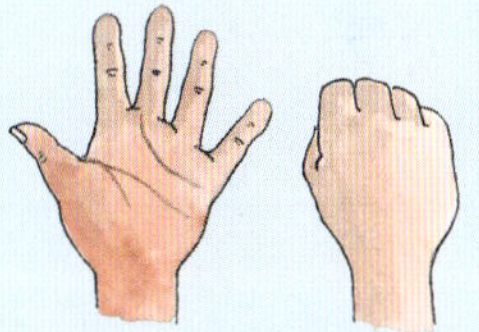

7

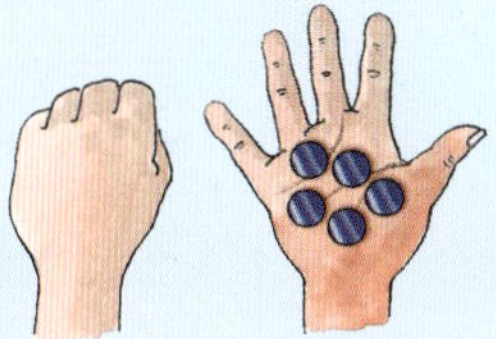

8

9

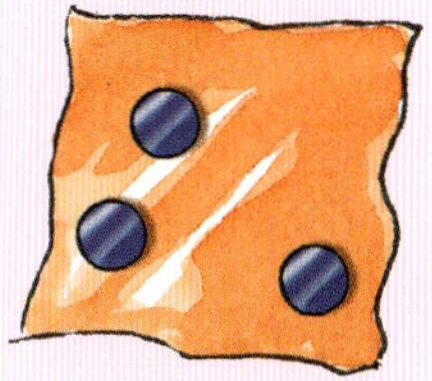

10

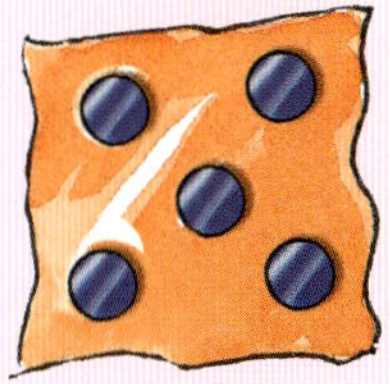

11

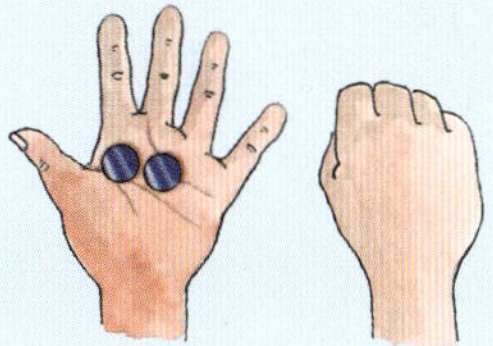

12

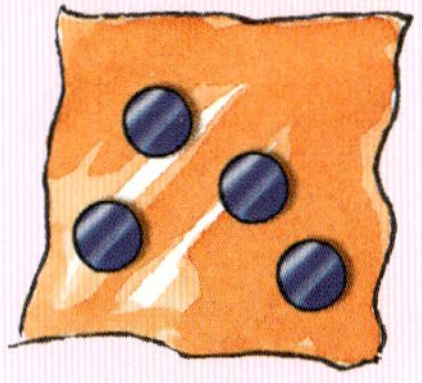

Ordne die Punkte- und Ziffernsteine zu.

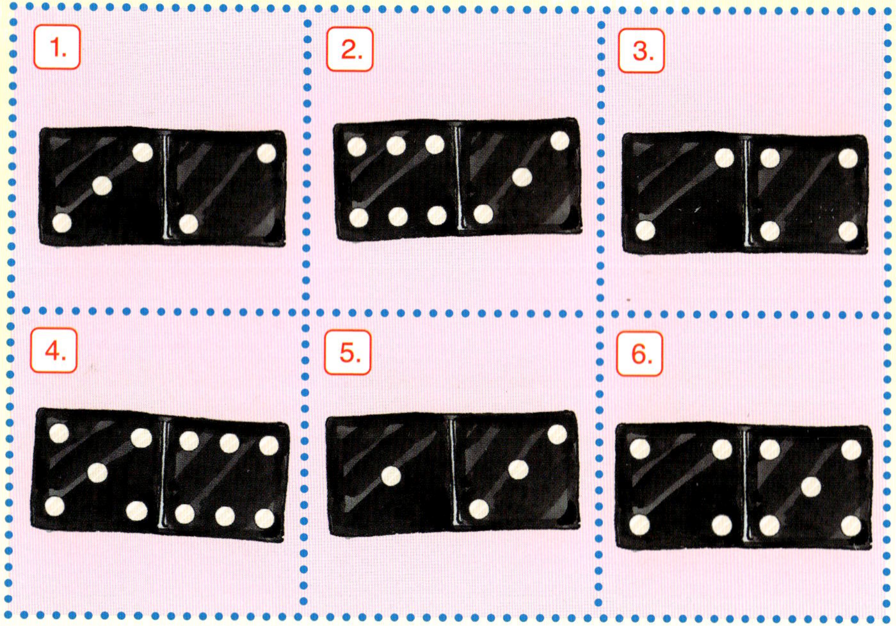

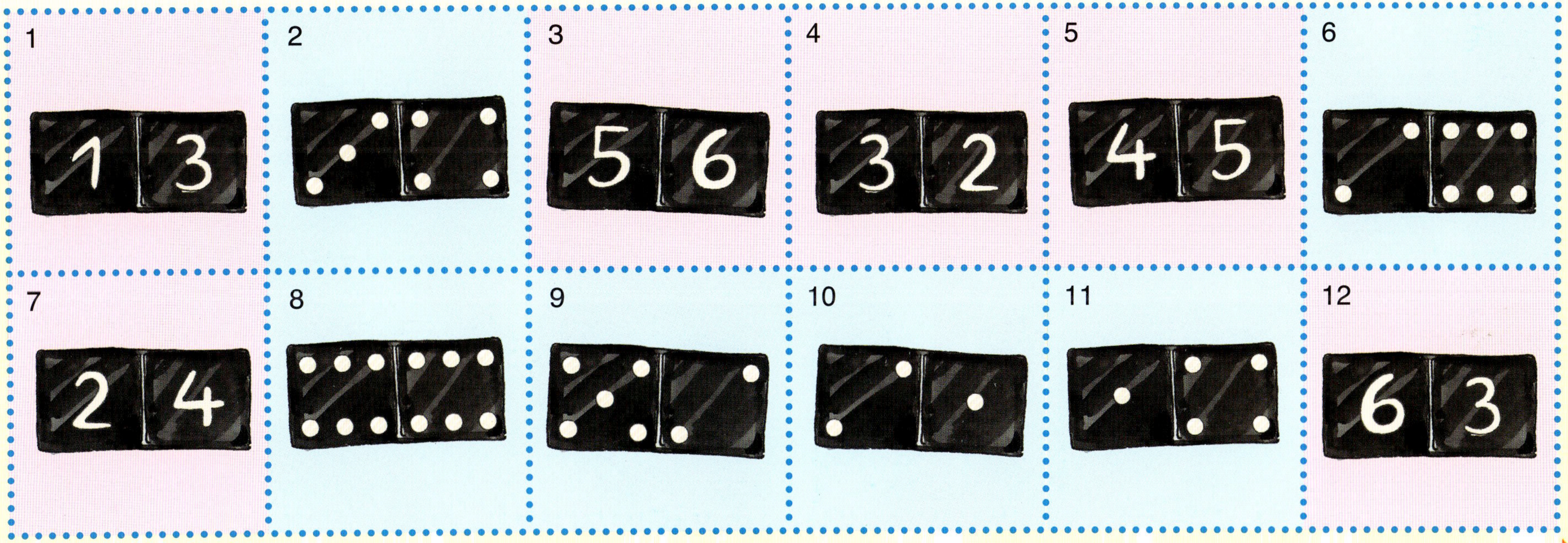
1
1 3
2
3
5 6
4
3 2
5
4 5
6
7
2 4
8
9
10
11
12
6 3

Welches Würfelbild passt zur Figur auf dem Spielfeld?

1
2
3
1 2 3 4 5 6
4
1 2 3 4 5 6
5
1 2 3 4 5 6
6
7
1 2 3 4 5 6
8
1 2 3 4 5 6
9
10
11
1 2 3 4 5 6
12

Wie viele Eier und wie viele Küken sind in den jeweiligen Nestern?

1
2
3
4
1 4
5
6
7
2 2
8
3 3
9
10
4 2
11
3 1
12
3 2

Wie viele rote und blaue Rechenplättchen sind das?

1\.

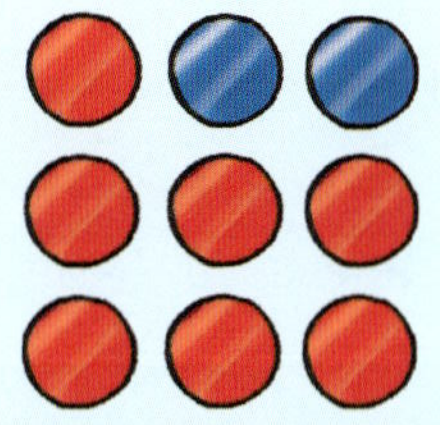

2\.

3\.

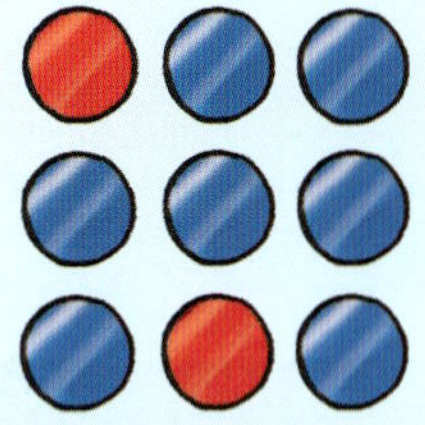

4\.

5\.

6\.

7\. 2 + 7

8\. 1 + 8

9\. 6 + 3

10\. 4 + 5

11\. 7 + 2

12\. 3 + 6

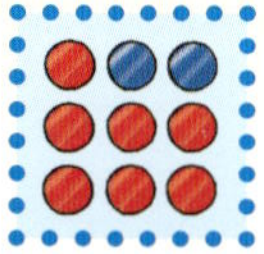 → 7 + 2

2 + 7 → 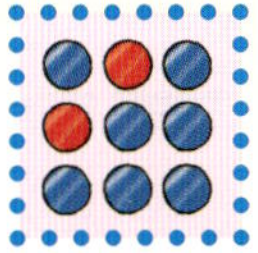

1 7 + 2	2 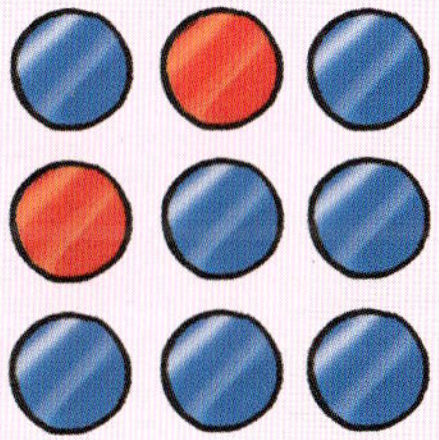	3 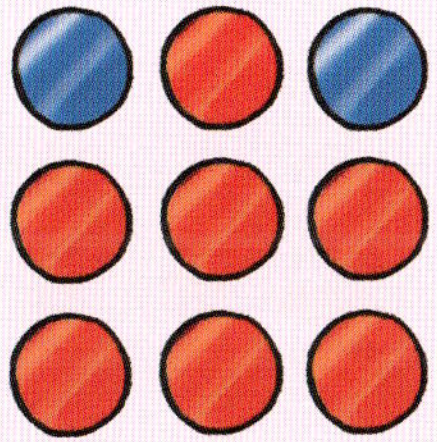	4 5 + 4	5 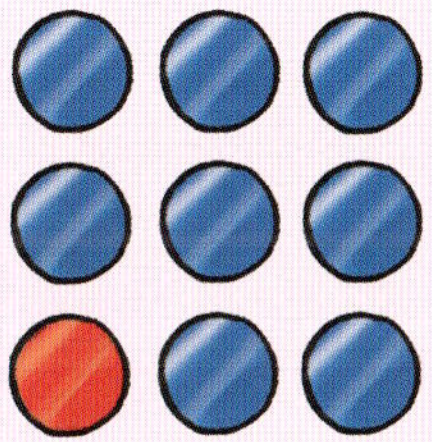	6 8 + 1
7 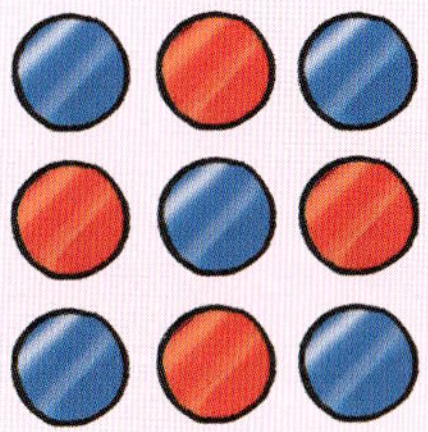	8 9 + 0	9 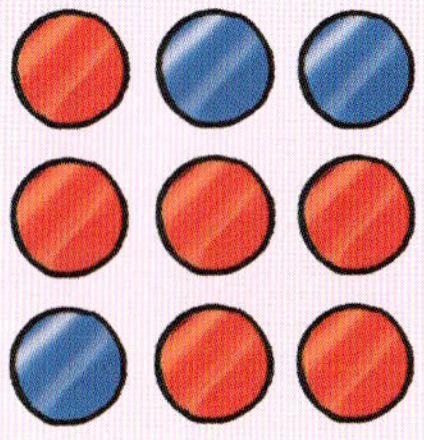	10 2 + 7	11 4 + 5	12 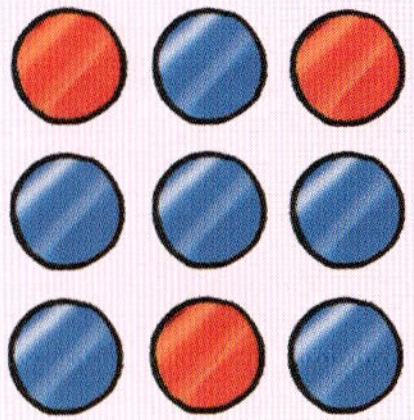

Wie viele Finger sind das?

1.

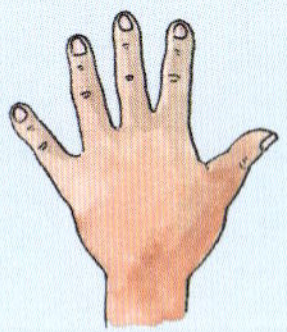

2.

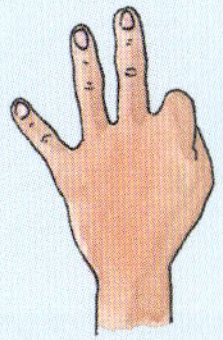

3.

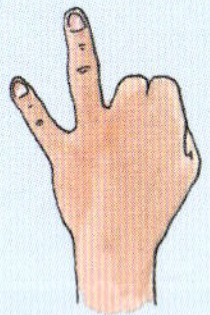

4.

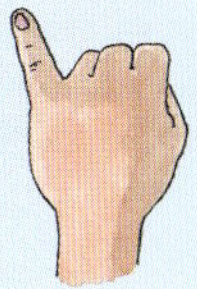

5.

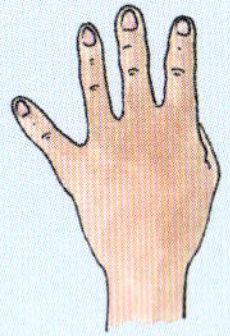

6.

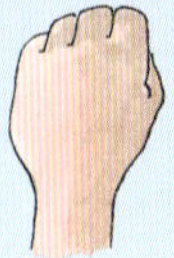

7. 6

8. 10

9. 8

10. 9

11. 5

12. 7

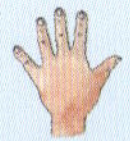 → 5

6 → 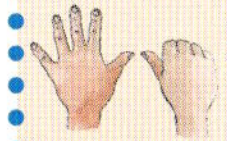

1 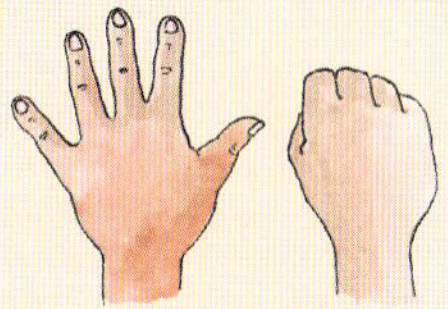	2 4	3 1	4 5	5 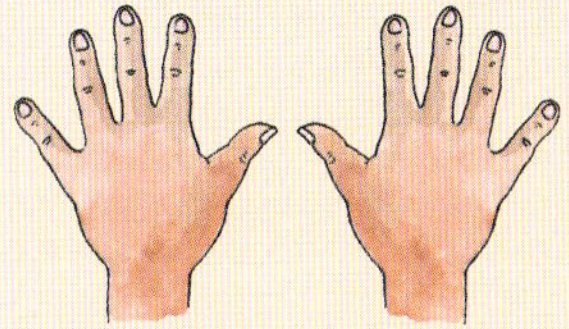	6 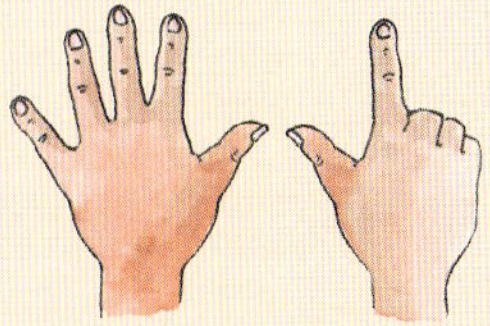
7 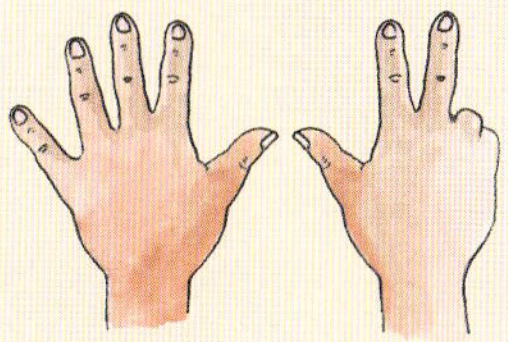	8 2	9 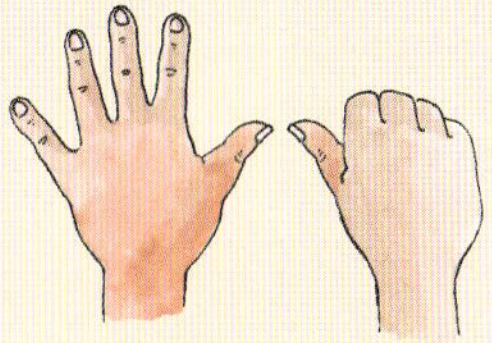	10 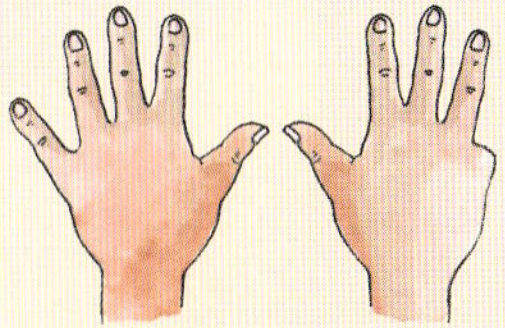	11 3	12 0

Wie viele Bausteine sind das?

1.

2.
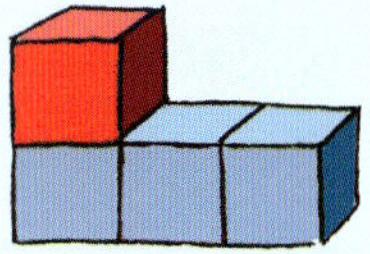

3.

4.

5.

6.

7. 6

8. 5

9. 10

10. 8

11. 9

12. 7

 → 8

6 → 

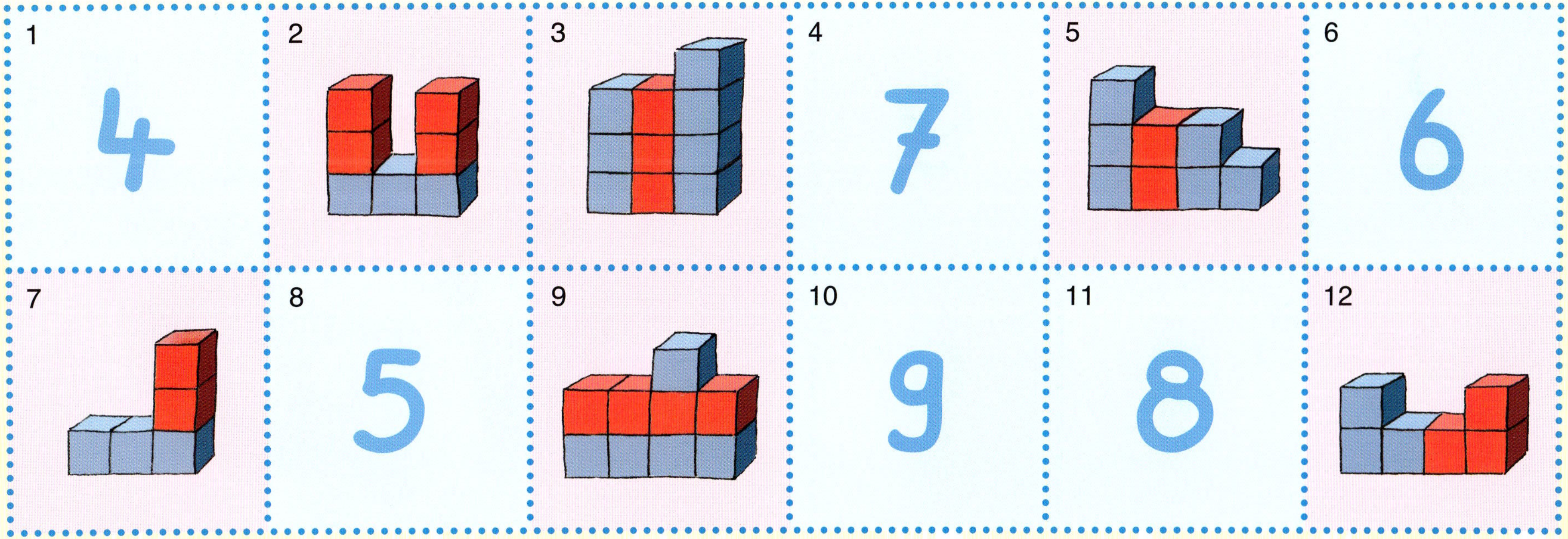
1
4
2
3
4
7
5
6
6
7
8
5
9
10
9
11
8
12

Wie viele Eier fehlen in den Kartons?

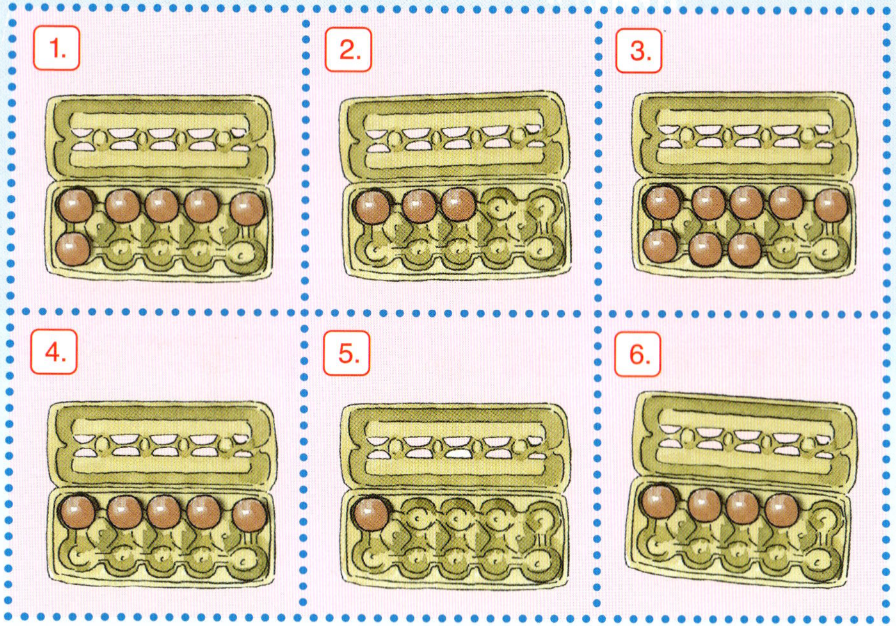

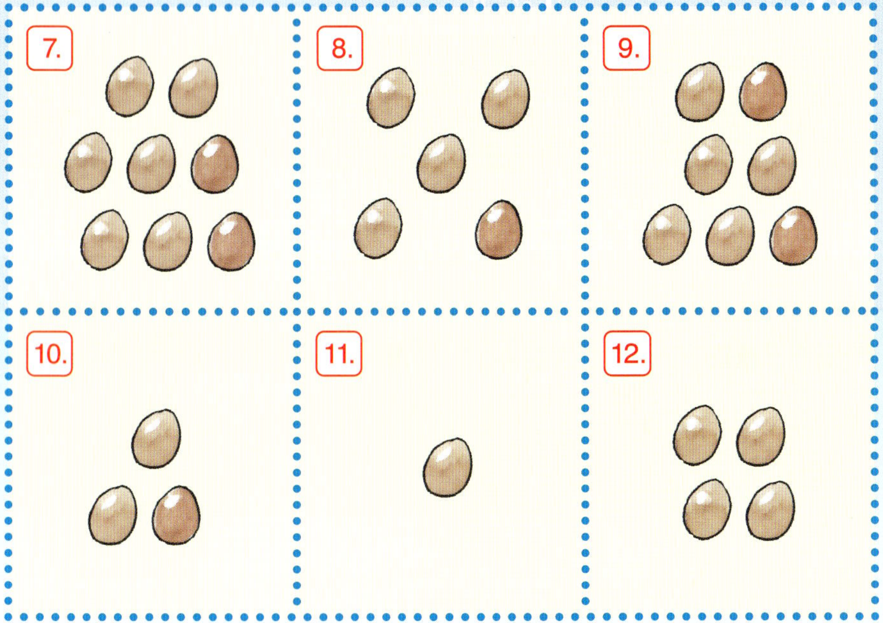